D1831460

फ़्लाई-ओवर

फ़्लाई-ओवर

मनीषा डागा

वाणी
प्रकाशन

प्रकाशन के उत्कृष्टतम 61 वर्ष

vaniprakashan.com

सजिल्द प्रथम संस्करण : 2024

वाणी प्रकाशन

4695, 21-ए, दरियागंज, नयी दिल्ली-110 002

फ़ोन : + 91 11 23273167, 23275710

शाखाएँ

अशोक राजपथ, पटना-800 004, बिहार

कॉफ़ी हाउस कैम्पस, महात्मा गांधी मार्ग, प्रयागराज-211 001, उत्तर प्रदेश

महात्मा गांधी अन्तरराष्ट्रीय हिन्दी विश्वविद्यालय, वर्धा-442 001, महाराष्ट्र

sales@vaniprakashan.in

vaniprakashan@gmail.com

Fly-Over

by Manisha Daga

ISBN : 978-93-6287-673-7

Poetry Collection

© मनीषा डागा

मूल्य : ₹ 425

इस पुस्तक के किसी भी अंश को किसी भी माध्यम में उपयोग करने के लिए प्रकाशक से लिखित अनुमति लेना अनिवार्य है।

आर. टेक ऑफ़सेट प्रिंटर्स, दिल्ली-110 032 में मुद्रित

वाणी प्रकाशन का लोगो मक़बूल फ़िदा हुसेन की कूची से

माँ-पापा के लिए...

अपनी बात...

जब मेरा पहला काव्य-संग्रह 'बोनसाई' प्रकाशित होकर आया, तब मन में दूर-दूर तक दूसरे संग्रह की कोई कल्पना नहीं थी।

कविता से मेरा प्रेम बचपन से ही रहा है, कवि-युगल माँ-पापा द्वारा कविता का संस्कार परिवार के वातावरण से मिला और कालान्तर में समृद्ध भी हुआ।

कविता ने ही मेरे जीवन को गढ़ा है। मेरे लिए मेरी कविता, शब्दों का संयोजन भर नहीं है, गूढ़ रहस्यों की कोई अबूझ पहेली भी नहीं है। मेरे लिए कविता, दर्द व करुणा से पोषित मेरी चिरसंगिनी सखी है।

मेरे पिता डॉ मदन डागा के शब्दों में—

"पराए दर्द को महसूस कर जो छलछलाता है
शुरू होती इसी से आदमियत की कहानी है।"

कवि पिता की ये पंक्तियाँ मेरे लेखन का मूल है।

कविता लिखना ही नहीं पढ़ना व सुनना भी मुझे आत्मिक ऊर्जा से भर देता है।

मैंने जीवन में किसी भी रिश्ते को बौद्धिक दाँवपेंच से नहीं संभाला, इसीलिए कविता को भी बौद्धिक खाँचो में बैठा पाना मेरे सामर्थ्य एवं संस्कार में नहीं है।

कविता जब जैसे मुझसे मिली, उसे उसके नैसर्गिक रूप में ही, आपसे मिलवा रही हूँ।

अगर मेरे अनुभव और मेरी तलाश आपको अपने अनुभव और तलाश लगें, तो मैं अपनी काव्ययात्रा को सार्थक मानूँगी।

मैं सदैव ही ऋणी हूँ अप्रतिम व्यक्तित्व की धनी सुविख्यात लेखिका श्रद्धेय ममता कालिया जी एवं यशस्वी कवि श्रद्धेय अरुण कमल जी की, जिन्होंने मेरी कविताओं को अपना अमूल्य समय एवं आशीर्वाद दिया।

सुख्यात कवि, सम्पादक श्री ब्रजरतन जोशी द्वारा समय-समय पर मिले परामर्श के लिए हृदय से आभार।

वाणी प्रकाशन के प्रबन्ध निदेशक आदरणीय श्री अरुण माहेश्वरी, जिन्होंने पुस्तक प्रकाशन में जो तत्परता दिखाई और विश्वास मुझ पर जताया, उसके लिए बहुत-बहुत आभार।

मेरे पति राहुल एवं प्यारे बच्चों स्वर्णाभ-तृषा, रजताभ-विदुषी का भी उल्लेख करना आवश्यक समझती हूँ, जिनके स्नेह सम्बल के बिना इस पुस्तक को आपके हाथों में सौंपना लगभग असम्भव ही था।

—मनीषा डागा

अनुक्रम

स्मृतियाँ

यह जीवन यह मन

स्त्री

कविता के मायने

स्मृतियाँ

यादें

काश!
यादें
प्रवासी पक्षी होतीं
कि
अपने नियत समय पर ही आतीं-जातीं

यादें तो
न वक़्त देखती हैं न मौसम
जब भी क़लम उठाओ
स्याही में घुली क़लम की नोक पर जमी मिलती हैं
घड़ी बाँधो तो काँटों पर टिक जाती हैं
समय सरकता ही नहीं
रोक लेती हैं
समय की गति

कभी चश्मे पर उँगलियों के निशानों की तरह चिपकी मिलती हैं
धुँधला देती हैं सारे मंज़र
आँसुओं से धो कर
उसे हाथों से साफ़ करती हूँ

कभी हवा के झोंके की तरह
दौड़ती हुई आती हैं

मन के बरामदे में
और
ख़यालों की किताब के
सारे पन्ने फड़फड़ा देती हैं

मैं भागती हूँ
हाथों के पूरे ज़ोर से
दबाती हूँ
ताकि फट न
जाये
मन की
किताब कोई

यादों के मौसम

यादों के भी मौसम होते हैं
कभी एक सी नहीं रहतीं
कभी धूल भरी आँधियों-सी आकर
मन के आकाश पर छा जाती हैं
कर देती हैं सब कुछ धुँधला-धुँधला
आँखों में रेत के कण जैसे
कुछ पल खटकती हैं,
रड़कती हैं
आँखें बरसती हैं, जल उठती हैं
ठण्डक कहाँ पाती हैं

कभी बारिश की तरह मन के तपते
रेगिस्तान में फुहार सी गिरती हैं
सोंधी-सोंधी मिट्टी की महक
छोड़ जाती हैं
जलते हुए मन को ठण्डक दे जाती हैं
मन यूँ ही बावरा हुआ हरियाता है

कभी अचानक आयी सर्दियों की तरह
मन को जैसे ठण्डा कर जाती हैं
जाने कैसे सब जम जाता है
वक़्त, आँसू, आहें...

एक गहरी नि:शब्दता से भर जाता है
मन
पहाड़ सा भारी हो आता है

कभी झरती हैं आँखों से ऐसे
कि
जैसे बिना हवा के झोंके से ही
गिरते हों पत्ते शाखों से बेसाख़्ता
लगता है अबकी बार जो झर रही हैं
तो फिर
बस अब न उगेंगी
मन हो जायेगा पतझड़े पेड़ की तरह
पर
एक दिन मन की धरती पर
मौसम फिर करवट लेता है
रंग-बिरंगी यादों के फूल खिल उठते हैं
और
मन उससे गुलज़ार हो जाता है

स्मृतियों की गन्ध

स्मृतियों की गन्ध है
या
गन्ध से जुड़ी हैं स्मृतियाँ
जीवन चाहे बीते पलों में या वर्षों में
रिश्ते, रास्ते, बातें
सब कुछ ख़त्म होकर भी ख़त्म नहीं होते अक्सर
रिश्तों की यादें कभी, कभी उनकी गहराई भी
रास्तों के मोड़ कभी, कभी उनकी लम्बाई भी
बातों के शब्द कभी, कभी उनके मंतव्य भी
सब कुछ
तुम्हारा हिस्सा बन जाते हैं
अक्सर मन में एक क़िस्सा बन जाते हैं
किसी ख़ास मौसम, ख़ास प्रहर, ख़ास गन्ध में
फिर से जीवन्त हो आते हैं

स्मृति-वन

स्मृतियों के बीहड़ वन हैं
और
नन्हे मृगछौने सा मन है
बिछड़ गया है अपने झुण्ड से
अनचाहे यूँ समय पूर्व ही

हर क़दम पर ठिठकता है
फिर थोड़ी देर चलता है
कभी ख़ुशी-सी हरी घास
देख मचलता है
कभी दुखों सी चुभती
पीली घास से छिलता है

गहरे वन की अनुवांशिक
स्मृतियाँ उसके भीतर मौजूद हैं
जो कभी बताती हैं रास्ते
कभी भटकाती हैं

काँप जाता है सरसराती हवा से
कभी कुलाँचें भरता है
धड़कता है उसका दिल हर आहट पर
इतना ज़ोरों से

कि
पनीली आँखों में दर्द सा कौंध जाता है

भटके हुए राही-सा
मेले में बिछड़े बच्चे-सा
जाने किसे ढूँढ़ता है
कौन-सी मंज़िल है ऐसी
जिसका पता खोजता है

पर
ये कैसा जीवन है
कैसी हैं राहें
जहाँ हर पल रहना है
बस सतर्क
कहीं मानव शिकारी है
कभी किसी पशुगन्ध से ही
उसकी चाल भारी है

ख़ुशियों की एक भी किरण
जब आँखों में पड़ जाती है
जीवन रोशन कर जाती है
वरना दुखों के सघन वन हैं
और
बस चलते रहने की मजबूरी है

स्मृतियों के मोक्षधाम

अपनों के साथ को भी छोड़ने के लिए
दुनिया में तय हैं
कुछ मुकाम और उनके नाम
कभी मोक्षधाम
कभी गंगा की धारा
पर
अपने ख़ून में बहती
शिराओं में जीती
स्मृतियों को छोड़ आना
या
विसर्जित कर देना
क्या कोई बता पायेगा?
उस घाट, उस नदी
उस धाम का नाम
जहाँ स्मृतियाँ भी हो पायें विसर्जित
वरना जब तक हम जीवित हैं
तो
स्मृतियों में ही सही
जीवित तो रहेंगे
हमारे अपने, हमारे साथ
कभी दूर नहीं
कर पायेगा

कोई रस्म, कोई रिवाज़, कोई धाम, कोई
धारा
कभी किसी अपने को हमसे
देह या विदेह

अजर-अमर स्मृतियाँ

स्मृतियाँ न कभी मरती हैं, न बूढ़ी होती हैं
गुज़रते वक़्त के साथ मन की कन्दराओं में
जीवन की तहों में छुप जाती हैं
समय मान ले चाहे ख़ुद को कितना भी बलवान
पर स्मृतियाँ उसे धता बता
अपने अस्तित्व को बचाये रखती हैं जस का तस
बरगद तो बौने नज़र आते हैं
छोटे पड़ जाते हैं सिर ताने बड़े-बड़े पहाड़
समय के रिक्तस्थानों में से
वो औचक निकल आती हैं
कभी अनायास फैली मुस्कान
में होंठों के किनारों पर झाँकती हैं
कभी आँखों का फैला काजल बतलाता है
कि
अभी-अभी कोई स्मृति गुज़री है इधर से दबे पाँव
दुनिया का शोर उन्हें बेहद उकताता है
एकान्त ही उन्हें भाता है
क्योंकि वो पाना चाहती हैं
केवल आपका साथ
और
जब पाती हैं अकेला तो फिर
तसल्ली से बैठ बतियाती हैं

माँ की अनुपस्थिति

मैं
जब भी घर की सीढ़ियाँ उतरती हूँ
हर रोज़ कुछ देर को ठिठकती हूँ
पुकारोगी फिर मेरा नाम लेकर
तुम्हारी आवाज़ को तरसती हूँ
उड़ती रहती है हरदम
आ कुछ देर बैठ
फिर चली जाना
मुझे रोक ही लोगी
तुम देकर उलाहना
पर
अब न कोई दरवाज़ा खुलता है
न कोई चेहरा मुझे तकता है
न मुस्कुराता है कोई मुझे देख
न निहारती हैं कोई आँखें मेरी शक्ल
मेरा घर से निकलना बेमानी हो जाता है
डबडबायी आँखों में सिर्फ़ पानी रह जाता है

आख़िरी सफ़र

आख़िरी सफ़र है तुम्हारा
और मैं साथ हूँ
उतनी ही जितनी तुम साथ थीं
मुझे दुनिया में लाते वक़्त
प्रसव पीड़ा में दर्द से चटकती
हैं सारी हड्डियाँ माँ की
पर
माँ, पिता को
देते वक़्त अन्तिम विदाई
चटकती है हर शिरा बच्चों की
और
उससे उनके
मन की ज़मीन
तक दरक जाती है
ये टूटन नहीं होती कुछ महीनों या सालों की
ताउम्र रहती है
बाहर से साबुत
और
अन्दर से भरभराये
व्यक्ति में
समय के साथ-साथ
बढ़ता रहता है टूटन का गहरापन और अहसास

फादर्स-डे

मेरे पास नहीं हैं आपकी इतनी तसवीरें
कि
जिनसे मैं अपने व्हाट्सएप पर डीपी सजाऊँ
मेरे पास तो बस हैं
आपके शब्द
आपकी यादें
आपका प्यार
आपके भाव
मन में टीसते
आपके अधूरे छूटे सपने
और आपके चले जाने से
अधूरा-सा छूटा मेरा जीवन
उसे कैसे मैं दिखलाऊँ?
और
कैसे उससे अपनी डीपी सजाऊँ?

ग़र माँ होती

ग़र माँ होती तो देती उलाहना
मुझे अपना ही ध्यान न रख पाने पर
माँ होती तो मुस्काती मन्द-मन्द
देख मुझे नयी साड़ी में
माँ होती तो चिन्ता करती
मेरी भविष्य निधि के कम जुड़ने की
माँ होती तो मेरे बाहर जाने पर
हो जाती कुछ उदास,
कहती ध्यान से जाना, जल्दी आना
माँ होती तो मेरे जन्मदिन का
मुझसे ज़्यादा वो इन्तज़ार करती...
पर
अब माँ नहीं है...

पापा का जाना

पापा का यूँ चले जाना मेरे लिए ऐसे
जैसे बने-बनाये नक़्शे पर लुढ़क जाये
पानी भरा गिलास
या
कोई सुप्त ज्वालामुखी
फटे और ढक ले उसका लावा पूरा गाँव
या कि अचानक भरभरा कर गिरे
हरा भरा पेड़ और चीत्कार उठे सारा
जंगल आधी रात
या कि सुहाने मौसम में बरसता बादल
यकायक फट जाये
और बहा ले जाये पूरे का पूरा शहर अपने
साथ
या
रणक्षेत्र में दौड़ते रथ के पहिये की
धुरी ही निकल जाये
कितने सपने, कितनी इच्छाएँ
सब यूँ ही सतमासे बच्चे सी
पैदा हो कर भी दम तोड़ जायें

गुमशुदा चिट्ठियाँ

चिट्ठियाँ अब भी आती हैं
पते
पर तुम्हारे
पूछती हैं तुम्हें, नाम लेकर भी बुलाती हैं
दर खटखटाती हैं
जाने कितनी उम्मीदों से
पर तुम्हें न पाकर
उदास, खिन्न-सी हुई
मेरे हाथों में
कुछ उखड़ी-उखड़ी रहती हैं
मंज़िल पर पहुँच कर भी
गुमशुदा हो जाने का दर्द लिये
पथ भटके राही की तरह
कितनी बेचैन बेबस नज़र आती हैं
अब तो तुम्हारा न होना
मुझे तो क्या
चिट्ठियों को भी उदास कर देता है...

(माँ के जाने के बाद भी उनके नाम की चिट्ठीयाँ आती रहीं)

नानी का 'सोना गेरू'

मैंने देखा अक्सर उसे
नानी के सन्दूक में
मलमल के ओढ़ने की छिन्दी
में बँधा रहता था
नानी अपने सन्दूक को सँभालती तो थीं
पर
उसमें से फेंकने को कुछ न निकालती थीं
नानी कहती रहती थीं क़िस्से
कि
कैसा था उनका हार, कैसी थी करधनी, कैसी थी पाज़ेब
नानी बताती थीं कि
कब और कैसे कैसे यत्न कर बनवाये थे ज़ेवर
उनमें से कैसे-कैसे
कुछ नाना की बीमारी में बिके
कुछ बेटियों की शादी में
कुछ बच गये वो सात तालों
वाले सन्दूक में सँजोये गये
सपनों की तरह
पर
नाना के जाने के बाद
एक काली रात उनको
ले उड़े चोर

तो
नानी असहाय हुईं
देखती रहीं उस सन्दूक का बिखरा सामान
जैसे बिखर गया था उनका जीवन
सोने के चमकते गहने तो न रहे
बस छोड़ गये नानी की आँखों
में पानी
जिसमें कभी-कभी
जगमगाते दिखते थे वो ज़ेवर
ज़ेवर तो न रहे
पर रह गया 'सोना गेरू'
जिसे नानी ने
जीवनपर्यन्त सँभाले रखा
उसी
टूटे तालों वाले सन्दूक में

('सोना गेरू' एक विशेष प्रकार की मिट्टी का ढेला जो स्वर्ण आभूषण चमकाने के काम आता है)

यह जीवन यह मन

यह जीवन यह मन

मन बड़ी गहरी उदासी का कुआँ हो जैसे
जिसमें बस प्रतिध्वनियों का हो जल
पुराने वट वृक्ष सा डरावना है समय
जिस पर केवल मन्नतों के धागे बाँधे जायें
और कोई सुस्ताने से भी कतराये
जो होता है वो कभी दिखता नहीं
जो दिखता है वो कभी होता ही नहीं वैसा
बस इसी होने व दिखने के अन्तराल में
रीत गया जीवन

रिश्ते जैसे ज़ेवर

सब छूट जायेंगे एक दिन
ये थामे हुए हाथ
और
वो भी जो धड़कते रहे
दिल के साथ
जीवन के कितने-कितने अनमोल पलों को
देकर जो बनाये थे
वो रिश्ते
लॉकर में सँभाल कर रखे गये जेवरों की तरह
जो पाई-पाई जोड़ कर बनवाये थे
कि एक दिन तो सजेंगे मुझ पर

जीवन में जो सहेज कर रखे वो रिश्ते
दिल के बन्द बक्से में
ज़ेवरों की तरह चमकते भी रहेंगे
कभी आँखों में आँसू बन
कभी होंठों के कोनों पर
मुस्कान बन झिलमिलाएँगे
पर
जाते-जाते क्या व्यर्थ लगेंगे
यह रिश्ते
यह साथ
जैसे व्यर्थ लगने लगे हैं अब ज़ेवर...

शब्दहीन बातें

हर बार बातें शब्द नहीं चाहतीं
कि
बातें हों तो शब्द भी हों
शब्दों का होना भी अक्सर
अधूरा छोड़ देता है बातों को
अर्थहीन सी हो जाती हैं
ख़त्म होकर भी ख़त्म नहीं होतीं
वो तो तलाशती हैं
केवल ख़ामोशी
या
कुछ सुलगा, बुझा मन
कुछ तसव्वुर
कुछ धड़कनें
जो दिल में नहीं
हाथों की नब्ज़ में दिख जाती हैं
और
कभी-कभी सिर्फ़ दो जोड़ी आँखें ही
जिनमें चमकती हो मुस्कुराहट, या पसरी
हो उदासी
उनको मुकम्मल कर देती हैं
बस यही बातें
घण्टों, दिनों, वर्षों तक करते

रहने पर भी
अधूरी छूट जाती हैं
बुनते-बुनते शब्दों के ताने-बाने
सिलाइयों पर
अधूरे पड़े स्वेटर की तरह
कभी-कभी दिनों तक
कभी-कभी वर्षों तक
और
कभी-कभी कई जन्मों तक भी
पर
मिलती ज़रूर हैं अपने छूटे
सिरे ढूँढ़ती हुई
प्रतीक्षारत...

जीवन-यात्रा

जीवन गतिमान है
एक रेल की मानिन्द
जो गुज़रती है अँधेरे-उजले सभी रास्तों से
पर कभी भटकती नहीं
क्योंकि नियत है उसकी यात्रा उसकी
नियत पटरियों पर
नियत है गति
नियत है मंज़िल भी
अँधेरे रास्तों पर जब कभी
अचानक कोई लैम्प पोस्ट चमकता है
जैसे चमकती है
आशा की किरण उदास मन में
पर
रेल कभी न रुक पायी
उस रोशन मंज़र की ख़ातिर
क्योंकि नियत है
सब कुछ

मौन और प्रेम

शब्द गुम हैं, व्यर्थ हैं बातें
मौन रहा है प्रेम की भाषा
प्रेम आखरों में ना ढूँढ़ो
मौन ही है प्रेम परिभाषा

हाँ...यह विदा है

ग़र यह विदा है
आओ इसको सौंप दें
सम्बन्धों के
सारे समर्पण, सारे प्रयोजन, सारे प्रलोभन
पुष्प जितने खिले थे
मलिन मुख ले आज धरती पर औंधे पड़े हैं
फिर मंज़री की गन्ध का तो कौन सोचे
मधुमास कब किस ठौर ठहरा
पतझड़ों की वेदना
ही झेलनी है
लौ दीये की चुक गयी है
रात का अन्तिम प्रहर है
हर मिलन की कल्पना संग
शाश्वत है विदा तो
तुम कदाचित इसको सत्य मानो
हाँ
यह विदा है

(अज्ञेय की कविता से गुज़रते हुए)

ख़ामोश वार्तालाप

तुम कहना चाहते हो
हर बात शब्दों में
मैं सुनना चाहती हूँ ख़ामोशी
वाक्यों में छूटे रिक्त स्थान
या पसरे हुए डेश
ही करते हैं वाक्यों को पूरा अक्सर
देते हैं बातों को पूर्णता
...ही जोड़ते हैं दो वाक्यों को कई-कई बार
वरना उन दो वाक्य-विन्यासों का कोई अर्थ
नहीं होता साथ-साथ
यही तो जीवन है
शब्द जो कोष्ठक में बन्द रहे ताउम्र
वही देते रहे वाक्यों को अर्थ
मन की जो बात 'बहरहाल' कह
छोड़ दी गयी
वही बात तो निष्कर्ष
थी
पूरे वार्तालाप का

परिन्दों

परिन्दों को नहीं सताता कोई भय
वो जानते हैं असीम लगते आकाश की अदृश्य सीमाओं को
परिन्दों को होता है
अच्छे से ये मालूम
कि
जब तक है उनके परों में जान
बस, तभी तक आकाश उनका अपना है
अन्ततः
ख़ुद का बनाया
नीड़ ही उनकी आख़िरी शरणस्थली है

मन और शब्द

ये मन की चुप्पी है
या
शब्दों का ओछापन
कोई बात हलक में अटकी
पर
कह न पाते हैं
ये ख़ुद को हर बार बचाते रहना
ख़ुद की नज़रों में गिरने से
ये वाक़ई मजबूरी है
या
ख़ुद का टुच्चापन
कभी सँभल-सँभल कर कहना
कभी बात बदल-बदल कर कहना
यह ख़ुद की होशियारी है
या
लोगों का उथलापन
दुनिया की ख़ुदगर्ज़ी से तो सब ही वाक़िफ़ हैं
फिर
मन को जाने क्यों रहती है हरदम उलझन

तुम्हारी व्यस्तता

तुम्हारी व्यस्तताओं के जंगल में
किसी कन्दरा में जगह तलाशती मैं
जहाँ कुछ देर पड़ी रहूँ
बस यूँ ही सुस्तायी सी, सुकून पाती
जीवन की भागदौड़ में जो छूट गये, रूठ गये
उन जीवन के पलों को मनाती
पर कहाँ मिल पाया कुछ
छिल ही गया मन जगह-जगह से
रिसता रहा ख़ून
उसी ख़ून से
लिखती रही शब्द
तुम उन्हें कहते रहे कविता
बजाते रहे ताली
पर कहाँ सुन पाये क्रन्दन मेरे मन
का
तुम्हारे आस-पास इतने पेड़ों की
इतनी पत्तियों की सरसराहट थी
पंछियों की चहचहाहट थी
हवा का शोर भी था
और ज़ोर भी था
ऐसे में कोई क्यूँ
सुने किसी कन्दरा

से आता क्रन्दन
पर
याद रखना
चाहो न चाहो
मौसम बदलेगा
जब सूना होगा जंगल
तरसोगे तुम सुनने को एक आहट भी

प्रेम और भय

प्रेम और भय
कितने विपरीत
पर कितने
सम
न ये छुअन चाहते हैं
न कहन
और न ही
दिखन
बस अनुभव हैं
मन की परतों पर चिपक जाते हैं
वक़्त की आँधियाँ
मिट्टी जो लाती हैं
दब जाते हैं
उन्हीं तहों के नीचे
सालों दर सालों
पड़ती धूप
न उन्हें पिघला पाती है
न झुलसा पाती है
खुरच-खुरच
के भी निकाल
नहीं पाते हो नाख़ून तक घिस
जाते हैं

पर
भय और प्रेम
वहीं के वहीं रह जाते हैं
मन की मिट्टी में दबे-दबे
कभी कोयला बन जाते हैं
दहक उठते हैं
रगड़न से
सब कुछ
झुलसाते हैं
या बरसों
बस पड़े-पड़े
बन
जाते हैं जीवाश्म
जो जन्मों के बाद भी
आत्मा को कुरेदो
तो पाये जाते हैं

फाँस

उस ढलती शाम
फूल तोड़ते वक़्त
मेरे हाथ में जब काँटा चुभा था
बूँद लहू की उभर आयी
तुमने उसे पोंछा और कहा
डर की कोई बात नहीं
मैं हूँ ना
पर फूल तोड़ने के मोह में
जो फाँस अन्दर धँस गयी
उसे न तुम देख पाये
न मैं समझ पायी
पर
वक़्त के साथ
नासूर जब गहरा हुआ
तब समझ आया
कि
छलक आये ख़ून की बूँद को
पोंछने वाले होंगे लोग
पर अन्दर फँसी, धँसी
फाँस
का दर्द
तो
अकेले ही झेलना होता है

वक़्त और वे

वक़्त की सिलाइयों पर
सपनों के उलझे-उलझे धागों से
मन के आँगन में चमकीली धूप तापते हुए
फुर्सत की घड़ियों को आपस में बाँटते हुए
बतरस की लेते हुए गर्म-गर्म चुस्कियाँ
वो जब बुना करेंगे सतरंगी सपनों की शॉल
और जब बुन जायेगी शॉल
तब
ओढ़ेंगे कभी, कभी बिछायेंगे उसे
पाने को
जीवन की गर्माहट

स्नेह बीज

स्नेह बीज
जब अंकुरित होते हैं मन में
तो सारी सृष्टि
उन्हें सँवारती है
अँगड़ाई लेते बच्चे की तरह
प्यारे लगते हैं वो पल
सर्दियों की धूप
सा चमकीला हो जाता है
ख़यालों का आसमान
बारिशों की तरह प्यार की फुहारें
भिगोती हैं तन मन
आँखें इन्द्रधनुषी हो जाती हैं
सूरज उगता है कभी न ढलने का वादा लिए
पर रिश्ते हों या दिन
कालचक्र
धीरे-धीरे अनजाने
बदलता रहता है
मन के मौसम
शामें उतरती
आती हैं
मन की वादी में
गूँजती हर ध्वनि

आहिस्ता-आहिस्ता
शान्त होती
चली जाती है

निःशब्दता
पहले डराती है
जैसे गहराती हो शाम
पर
वो भी
फिर मन की
आदत हो जाती है

सवाल जवाब

क्यों हर बार पूछो तुम मुझसे सवाल
और क्यों मैं दूँ जवाब?

हर बार फ़ेहरिस्त बन जाती है
तुम्हारे सवालों की
कुछ भी करूँ
कहीं भी जाऊँ

रोऊँ या गाऊँ
रोयी तो क्यों रोयी?
गाया तो क्यूँ गाया?
रोने का दुःख भी समझाऊँ
और
गाने का सुख भी बतलाऊँ
शब्दों को बाँधूँ तहमीद से
और मन के हर भाव को
ख़ुद समझने से ज़रूरी
तुम्हें समझाऊँ
कोई नहीं समझ सकता
न कोई समझा सकता
यह बात
कि

हर बार रोना नहीं होता फ़क़त रोना
न गाना होता है फ़क़त गाना
अक्सर होता है
कि
गा कर मन भर आता है
या
कि मन भर आने पर कोई गाता है
कभी
रो कर मन हल्का और ख़ुश हो जाता है
पर
यह जीवन का समीकरण
तुम्हारी दो और दो चार वाली
समझ को समझ
नहीं आता है

अपना मन

जाने कितना लिखती हूँ, मिटाती हूँ
क्या कहना चाहती हूँ, क्या बताती हूँ

बात कितनी भी हो पर हर बार यूँही
लगता है कि शब्द व्यर्थ ही जाते हैं

लोग चाँद तारों से जान लेते हैं भूत, भविष्य
एक हम हैं जो अपने मन को ही नहीं समझ पाते हैं

गुलमोहर की व्यथा

आज मैंने घण्टों गुलमोहर के पेड़ को निहारा
सुर्ख़ लाल फूल कितने मनमोहक, कितने सुन्दर
वो भी फूलता रहा, झरता भी रहा तेज़ तपती गर्मी में

पर किसने देखा?
उसके झुलसे फूलों
का चुपचाप पेड़ से झर विलग हो जाना

हाँ, कुछ भँवरे आये और मँडरा कर चले
गये
न पंछियों का कलरव ही गूँजा
न किसी थके पथिक ने लिया उसके तले
बसेरा

तुम सुनो
ये जो
फूल बरसते हैं ना
ये दहकते हुए
अश्रुकण
हैं उसकी व्यथा के

जो झरते हैं अपनी ही निरर्थकताओं पर
इनसे ज़रा बच कर गुज़रना
कहीं तुम्हारा पाँव न पड़ जाये इन पर

अदावत

जैसे एक धधकते हुए ज्वालामुखी के लावे से बचते हुए
जैसे कच्ची मटकी के सहारे नदिया पार करते हुए
जैसे घुप्प अँधेरे में जंगल से गुज़रते हुए
जैसे सहारा की तपती रेत पर नंगे पाव
भागती रही हूँ
एक साया जो छाया नहीं बस मृगतृष्णा है यह जानते हुए भी
जीवन को हाथों से फिसलते देखना
बस आदत हो गयी है मेरी
क्या बताऊँ ख़ुद से ही अदावत हो गयी है मेरी

झुलसे गुलमोहर

हालात की गर्मी
ने
झुलसा दिये सब पेड़
और
ऐसे ही एक
झुलसे गुलमोहर
की टहनी पर
मैंने लटका दी है
पानी की कुंडी
बड़े जतन से
कि
एक झुलसा पेड़
चाहे
न दे पाये पूरी छाँह
न दे पाये
किसी पथिक को
पैर पसार सोने का सुकून
और
थके पंखों को शीतलता
पर
ज़रूर देगा
अपने लाल फूलों

की ओट में किसी को
आसरा
बुझा देगा किसी
खुली, प्यासी
चोंच की प्यास

बारिश की शाम

बारिश की एक शाम
कॉफ़ी और अकेलापन
जाने क्यों भीग आया मन
निखर आये सब्ज़ पेड़ों पर
परिन्दे क्यूँ नज़र नहीं आते
पत्ते पानी के भार से झुके तो हैं
पर ख़ुश नज़र नहीं आते
अपने ही दिल सा लगता है
बिस्कुट का ये सीलापन
बूँदें टपकीं आसमाँ से
पर बिजली के तारों में अटकी हैं गुमसुम
जैसे कोई व्यर्थ गये जीवन को सोच रहा हो भारी मन
आसमाँ में उड़ते बादल
शायद यह समझाते हैं
कोई कहाँ टिक कर रहता है
रिश्ता हो या अपना मन

रिश्ते और मनमुटाव

रिश्तों की मख़मली घास पर
उग आयी कुछ मनमुटावों की
खरपतवार
आओ इसे समय रहते निकाल दें
ग़र ये फैली
तो
सोख लेगी
घास की जीवन ऊर्जा
मुस्कुराहटों के फूल भी
मुरझा जायेंगे
और
फैल जायेगी बस
खरपतवार

स्लेट-सा दिल

एक पुरानी स्लेट सा हो गया है दिल
कितना भी साफ़ कर लो
चाहो तो हाथों से
चाहो तो गीले कपड़े से
चाहो तो आँसुओं से धो डालो
पर जो अक्स उकेरे थे इस पर
वे धुँधला तो गये हैं
फिर भी उनकी मौजूदगी वहीं पर है
जो नये लिखे शब्दों के भी अक्सर मायने बदल देती है

एक साथ

बस एक साथ तो ऐसा हो
जो बिल्कुल अपने घर जैसा हो
जिसके हर एक कोने में
अपना थोड़ा-सा हिस्सा हो
और उस हिस्से से जुड़ा हुआ
कोई प्यारा-सा क़िस्सा हो
वो साथ रहे तो दिन तो क्या
शाम भी उजली लगती हो
वो प्यारा हो अपने तकिए-सा
कि जिसके कन्धे पर
सिर रखकर सपने देखे मन
वो साथ रहे तो
हर रस्ते से मंज़िल का गुमा-सा
होने लगे
वो साथ रहे इस जीवन
में
फिर
जन्मों तक
जीने
की इच्छा जग जाये

वक़्त और मैं

एक दिन
वक़्त मेरे साथ टीले पर बैठे-बैठे
उकता जायेगा
और
उठ के चल देगा
मिट्‌टी झाड़ते हुए
मैं भौचक देखती रहूँगी
उसका यूँ अचानक चल देना
शाम का सूरज डूबने लगेगा
उसको जाते देख
पेड़ खेजड़ी के स्तब्ध होंगे
पर कहाँ रोक पायेंगे वक़्त
हाथ मेरा हवा में लहरा के रुक जायेगा
और
कहाँ कोई दे पायेगा सान्त्वना मुझे
तब मैं जानूँगी
कि वक़्त था तो
कितना कुछ था मेरे पास

शिरीष का फूल

शिरीष के फूल सा
होता है प्रेम
खिलता है
फैलाता है ख़ुशबू
आकृष्ट करता है
रंगरूप से अपने
बिखेरता परागकण
फिर
वक़्त की हवाओं संग
रेशा-रेशा खुलने लगता है
झरने लगता है
एक दिन
बिखर जाता है
पूरा का पूरा

मैं या हम

तेरा और मेरा मिल कर बनते हैं
हमारा
पर जब मिलते हैं दो 'मैं'
तो दो 'मैं' का योग
'मैं' ही रह जाता है

तुम्हारे 'मैं' को उठाये
अपने 'मैं' को तिरोहित करने की
कोशिश की कई बार
पर न तुम्हारा 'मैं' उठा पायी
न अपना 'मैं' गिरा पायी
और इन दो 'मैं' के चक्कर में
कुछ न हुआ हमारा

लैम्प, डायरी, पेन और सन्नाटा

लैम्प, डायरी, पेन और सन्नाटा
कितना अपना है यह पल
और
इससे अधिक क्या चाहिए
इन पलों के होने पर ही लगता है कि
जीवन पूर्ण है
गहरी ठहरी निःशब्द रात
जो मेरे कमरे की खिड़की के बाहर
सद्यःप्रसूता बिल्ली की तरह पसरी हुई है
मन को सुकून से भर देती है
लैम्प किसी अभिभावक सा लगता है
मौन बस जल रहा है मेरे ख़ातिर
चाहता है कि जब तक उसमें रोशनी है
अन्धकार मुझे छू न पाये
उसकी रोशनी में मैं कुछ मन का लिख लूँ
तो उसका जलना व्यर्थ न जाये
डायरी मेरी प्रिय सखी-सी बैठी है
प्रतीक्षारत मेरे पास
जैसे सुनने को दूसरी सखी
के मन की बात
और पेन
किसी आतुर प्रेमी-सा

चलने को मेरी उँगलियों के इशारे पर तैयार
फ़क़त उस ओर
जो हो मेरे मन का रास्ता
ये वाक़ई अकेलापन है?
या
गहरा अपनापन...

भटकता मन

फिर कोई बाहर गया
या
नहीं
या
रहा घर में ही
पर
मन कब टिक पाया एक जगह
जितना समझाया, जितना बहलाया
उतना ही भागता रहा
घर से, गली से, मुहल्ले से, शहर से, देश से, दुनिया से
और
देह से भी दूर...
बहुत दूर
अनजाने, अनसोचे
रास्तों पर...
बीहड़ वन से विचारों में
कभी ख़ुशियों के खेतों में
कभी ग़म के पहाड़ों पर
कोई न तो उसे रोक पाया
न उसने पूछना चाहा किसी से कोई रास्ता
न उसके पास वक़्त था कि वो रुकता और सोचता
कि यह रास्ता कहाँ जाता है

बस यूँही...
गिरता, पड़ता, चलता रहा अथक
कोई नहीं जान पाया
उसकी मंज़िल...
शायद वो ख़ुद भी नहीं...

नींद, ख़्वाब और शब्द

ख़्वाब जो न देखे आँखों ने
न पायी ऐसी नींद कभी कि
जो मन चाहे वो ख़्वाब चुन लूँ
नींद अधूरी थी
ख़्वाब अधूरे ही रह गये
अब प्रेतयोनि में भटकते फिरते हैं
शब्दों का रूप धर
शब्द कभी आँखों के किनारे
जमे होते हैं
कभी हाथों के पोरों से रिसते हैं
कभी मुस्कानों की मुँडेर पर
बैठे ऊँघते गिरते-गिरते बचते हैं
कभी जब मैं तकिये पर सिर रखती हूँ
तकिये के आस-पास लुढ़के पड़े होते हैं
मैं आजकल तन्द्रा में ही
उन्हें विन्यासित करने की
कोशिश करती हूँ
निष्प्रयोजन
और
फिर उसे कह देती हूँ
कविता

सम्बन्ध

सम्बन्ध कभी खरा सोना नहीं होते
कि
परखे जायें कसौटी पर
न कभी होते हैं इतने गहरे
कि
नापी जा सके उनकी गहराई

न कभी होते हैं इतने वज़नदार
कि
तोल ही लो उनका भार

वक़्त की तराज़ू
पर न तुल सकते हैं
न नापी जा सकती है किसी पैमाने से उनकी गहराई
न कसे जा सकते हैं किसी भी कसौटी पर

ग़र यह की तुमने हिमाक़त
तो इतना खोटा, इतना छिछला, इतना भारहीन पाओगे
कि सभी पैमानों
पर ख़ुद ही पछताओगे

सम्बन्ध बस बनते हैं, रहते हैं,
फिर
बदल जाते हैं वक़्त, ज़रूरत के अनुसार
अक्सर

पेड़ जैसे मन

कभी देखा है पेड़ों को
वो भी मन की तरह होते हैं
बस उम्र बढ़ती रहती है चुपचाप
पर
बूढ़े कभी नहीं होते
जब कभी भी दो बूँद मिल जाये
चाहे वो प्यार की हो या पानी की
जी उठते हैं, खिल उठते हैं

हरे हरे कोमल अहसासों
के पत्तों से भर उठते हैं
छुपा लेते हैं अपने ग़मों
के पुराने पत्तों को

भवरों के गुंजन से आह्लादित हो जाते हैं
और ऐसे में उनके
फूलों के रंग कुछ और चटख
हो जाते हैं

मस्त हवाओं के झोंके से लहक-लहक जाते हैं
झरते हैं फूल ऐसे जैसे किसी चेहरे पर
छुपाते छुपाते मुस्कान तिर जाये

और करुणावान हो आते हैं उन पंछियों,
पथिकों के लिए जो उनके पास आये

पेड़ों को देखो नहीं
बस सुनो
और तुम भी
उम्र के साथ बढ़ती
अपनी ख़ुशी को चुनो

रात और चाँद

रात ने कब चाही
चाँद से पूर्णता
है अधूरापन ही उसका बहुत
हर लेने को स्याह रात की कालिमा
किसी राहगीर को दिखाने को रास्ता
किसी विरहन की आँखों में आँज देने को
शीतलता
दो दिलों के मध्य करवाने को वार्तालाप
तकते चकोर को भर देने से ख़ुशी से
क्यूँकि रात जानती है
कि
पूर्णता महज़ छलावा है
कभी नहीं टिकती
पूर्णता
एक दिन की उधार ली ख़ुशी जैसी
चाहो न चाहो
यही तो सृष्टि चक्र है...

पार्क में शाम

शाम जो उतरी है ज़मीं पर
तो जैसे उदासी पसरी
ज्यों किसी अनमने मन ने उदासी का पैरहन पहना

पेड़ इतने ख़ामोश कि
जैसे बैठ कोई मज़दूर अपने दिन भर की थकन मिटाये

पार्क की बेंचें भी
लगती हैं इतनी उकतायी
जैसे कोई स्त्री
दिन भर अपने ही बच्चों की
बातों को सुन-सुन थक जाये

लौटते पंछियों की पाँखों
में भी थकन उतरी
जैसे मनचाहे मीत
के न मिलने
पर कोई बोझिल मन घर आये

आसमाँ अक्स बदलता है
ऐसे, जैसे
कोई युवती

अपने ही कपड़ों
को बार-बार बदले
पर कुछ उसकी नज़रों में न जम पाये

पार्क की पगडंडियों पर गिरे चोंच से छूटे तिनके लगें ऐसे
कोई अपने जीवन की व्यर्थता
पर पछताये

शाम का धुँधलका
नेहर छोड़ती नव वधू सा
जो भारी पग बढ़ तो चले
पर मन भर आये

चतुर रिश्ते

सँभल कर रहो कि वक़्त
क़ीमती है तुम्हारा
लोग ज़ाया करेंगे उसे

सँभल कर लिखो
कि
कहीं तुम्हारी कही बातें वेदों
की तरह नहीं बन जायें
किसी के लिए
और वो सहेज ले उन्हें
दे उनसे उद्धरण

सँभल कर
बस
उतना ही लिखो
कि
लगे बस सरकारी काग़ज़
की तरह हर खानापूर्ति हो रही है
जनता की
हर जगह सुनवाई हो रही है
हो रही है हर बात पर कार्यवाही
और

तुम्हारे हर लिखे, पढ़े, सुने
से
लगता रहे
बस
रिश्तों का जारी रहना
अलग होते हुए भी जुड़े दिखना
यह रस्मे अदायगी काफ़ी है...
शायद
तुम्हारे लिए रिश्ते
धूल की मानिंद हैं
जो
हर रास्ते में तुम्हें बिखरी मिलेगी
और जो नहीं झाड़ी तुमने
वक़्त पर, अपनी समझदारी के हाथों
तो भार बन जायेगी तुम्हीं पर
और तुम्हारी मंज़िलों पर पहुँचने की रफ़्तार को
कम कर देगी
सम्भल कर रहो
तुम बस यूँ ही

दर्द

दर्द छूट के गिरा आँख से
किरचा किरचा बिखरा है

पाँव बचा कर निकली हूँ
पर मन में कुछ तो चुभता है

शब्द बाण हों या हों घातें
मन में गहरे धँस जाते हैं

जितना इनको बाहर कर दो
फाँस सरीखे फँस जाते हैं
रात नहीं है दिन है यह
सब साफ़ दिखाई देता है

पर मन की ऐसी फ़ितरत है
छू-छू कर हाथ जलाता है

आँसू हों या आहें हों,
या चीत्कार हों या चीखें

दर्द जताने को यह सब भी
कम ही पड़ जाता है

तुम को क्या मालूम कि कैसे
दिल को निचोड़ा जाता है

तुम बतलाओ

मन के सारे भेद कहूँ या
कुछ बातें अनजानी रख दूँ?

तुझसे ही जब सब नाते हैं
कैसे राज़ छिपाऊँ तुझसे?

सच्ची-सच्ची बात कहूँ या
झूठी कोई कहानी लिख दूँ?

इस दुनिया में बोलो किसने साथ निभाया है जीवन भर
जग की तो ये रीत पुरानी

तुम बतलाओ क्या अब इसको
सच में रीत, पुरानी लिख दूँ?

जिसकी फ़ितरत में हो अय्यारी
पर जब उससे ही हों ख़ुशियाँ सारी

तुम बोलो फिर उस रिश्ते को कैसे
जीवन की अय्यारी लिख दूँ?

कुछ बात कहो

बड़ी उदास है रात कि तुम कुछ बात कहो
दिल बिल्कुल बेजज़्बात कि तुम कुछ बात कहो

ये भटके भटके बादल, बेरोशन से ये सितारे
ये आवारा चाँद भी लगे बेनूर
कि
तुम कुछ बात कहो

कुछ उलझी उलझी साँसें, कुछ अटकी अटकी धड़कन
जाने क्या कहना चाहती है क्या सुनना चाहती है

दिल ग़म से हुआ बोझिल, मन डूबता सा लागे
इनको मिले तसल्ली कि तुम कुछ बात कहो

हैं ढलकी-ढलकी पलकें, पर नींदों को तरसती आँखें
कुछ ख़्वाब उतर आये इन पर
कि तुम कुछ बात कहो

कुछ कम

हर बार यही क्यूँ लगता है
कुछ कहा नहीं, कुछ सुना नहीं

कितना भी बातों से भर लो
पर मन रीता ही लगता है

उम्र कितनी भी हो जाये
पर वक़्त तो कम ही लगता है

कितने भी साल रहो ज़िन्दा
जीवन का मोह नहीं जाता

कितना भी प्रेम जता ले पर
कुछ-कुछ बेगाना लगता है

जाने पहचाने चेहरों में अक्सर
क्यों कुछ अनजाना दिखता है

मेरा भी कुछ

छोड़ दे हाशिया तो सिर्फ़ मेरे लिए
सारा काग़ज़, स्याही सब हैं तेरे लिए

वक़्त की आँधियों से मैं धुँधला गयी
मंज़िलें थीं कहाँ और कहाँ आ गयी

ओ मेरे रहनुमा, ओ मेरे रहबरों
काफ़िले ने ही भटका दिया है मुझे

मुझे ऐतबार की ये सज़ा क्यों मिली
कि मंज़िलें खो गयीं रास्ते खो गये

मैं वो बीज हूँ जो ज़मीं में दब तो गया
पर गला भी नहीं और फला भी नहीं

समुन्दर की बात

ये गहरा समुन्दर लगे ठहरा ठहरा
क्षितिज से ये करता है क्या रोज़ बातें

ये लहरों को छोड़े क्यूँ हरदम अकेला
कि मिलने को भागे किनारों से आगे

ये मचलें, ये उछलें, हैं यूँ बहकी-बहकी
ये उगलेंगी समुन्दर के सब राज़ गहरे

ये सूरज उगे भी पूछ कर ज्यों
ये डूबे भी जाकर समुन्दर में गहरे

ये मन की तरह ही लगे खोया खोया
ये तन की तरह ही अकेला अकेला

लगे चुप सा है पर ना जाने कैसे
नदी को बुलाये ये कर के इशारे

मीठी नदी की ये है यह प्यास कैसी
कि मिल जाये खारे समन्दर में जाके

ख़ामोशियाँ ही करती हैं इनकी बातें
गहराइयों ने ढके इनके सब राज़ गहरे

प्रेम प्रपात

अरे!
कुपात्र वो नहीं
कुछ तीव्र था तुम्हारा
प्रेम प्रपात
जिसे अपने अन्दर
समेट लेना
नहीं थी
उन उथले
प्यालों
के
बस की बात

इश्क़

इश्क़ को मत कहना न समझना कभी आग
आग गर भड़की तो
जला देगी
प्यार के उन महीन
रेशों को
जो बाँधे रखे हैं इश्क़ करने वालों को
और
फिर आग क्या
आग की फ़ितरत क्या
जलेगी, भड़केगी भी
पर
बुझ जायेगी आख़िर
कोई चाहे न चाहे
तुम इश्क़ को बनाये रखना
उस हवा की तरह
जो ग़र न हो आस-पास
तो
घुटने लगे साँस
जो महके तो
महका दे
जीवन
जो तपे

तो उसमें तपें
आशिक़
जो इठला के चले
तो बौराएँ
आशिक़
आज नहीं, कल नहीं
जब तक है जीवन
हर
साँस
को ज़रूरत हो उस हवा की
आने जाने के लिए

मौसमी रिश्ते

सर्दियों की धूप की मानिंद
उतर आया इक रिश्ता मन की बालकोनी पर
चमकीली किरणों की माफ़िक
चीरते सारे कुहासे को
धुन्ध में गुम-सा गया था मन
उदास, बेचैन, अवसाद भरा
बिल्कुल ठण्डा हुआ जा रहा जैसे
रोशनी उतरी, कुछ ताप लगा जीवन को
लगा कि ठण्डे होते जिस्म को कुछ गर्म साँसें मिली हैं,
लगा जीवन अभी बाक़ी है
शायद ताप पाकर हाथों में भी हरकत हुई है
पलकों पर जम आयी बर्फ़
ओस बूँदों सी चमकने लगी है
फूल खिल आये मन की ज़मीन पर हर ओर
उस सुनहरी धूप का ताप पाकर
मैं भी खिसकती रही उस धूप के टुकड़े के पीछे-पीछे
अपनी कुर्सी लिए मन की बालकोनी में
पर
धूप थी वो सर्दियों की
उसे तो ढलना ही था
ढल गयी जल्द ही
सब कुछ मिला मृग मरीचिका-सा

शाम उतर आयी फिर....
धुन्ध, ठण्ड, कोहरे
ने ढक लिया
वापिस
जीवन और मन

जफ़ा या वफ़ा

बात जफ़ाओं की न थी
किस किस से वफ़ाएँ करता वो
शायद वो कुछ ज़्यादा ही सादा था
या झूठा उसका हर वादा था
हर मोड़ पर उसको मुड़ना था
मुझसे ही साथ निभाता क्या
हर शज़र उसे अच्छा लगता
हर फूल फूल मँडराना था
हम जड़ थे रंगीन फूल नहीं
कि कुछ देर ठहर ही जाता वो

बेपनाह इश्क़

बेपनाह इश्क़
नहीं चाहता लफ़्जों में बया होना
मेरा लहज़ा कुछ जुदा सा है
तेरे पास तो हैं बहुत लोग
मैं जानती हूँ
पर
मेरे लिए तूं खुदा-सा है

बूँद और आँसू

जाने क्या सोचकर अटकी रही
इक बूँद पत्ती की नोक पर
शायद वही सोचकर अटका रहा
इक आँसू पलक की कोर पर

मेरा तुम हो जाना

तुम जब भी दुनियादारी से वक़्त निकाल पाओ
तो
पढ़ना मेरा लिखा हर शब्द
और
कर सको तो महसूस करना
बिल्कुल वैसे ही
जैसे मैं किया करती थी
तुम्हारा कहा एक-एक शब्द
कानों में पड़ी बालियों की तरह खनकता था
तुम्हारे अश्कों की नमी
जैसे
मेरी आँखों के काजल को फैला देती थी
मेरे परफ़्यूम की बोतल से
जैसे तुम्हारी महक आती थी
तुम होकर भी नहीं होते थे कभी पास मेरे
पर
मेरे बिस्तर की सलवटों की उदासी
तुम्हारे उठ कर जाने सी लगती थी
मेरे पानी के गिलास की कोर पर
तुम्हारे होंठों के निशान उभर आते थे
तुम्हारे बिना क़रीब आये
जिस्म की हर जुंबिश से भी धड़क जाती थी

मेरे मन के काग़ज़ पर
बिना शब्दों की कविता बन उतर जाना
या
दिल के कैनवास पर बिना रंगों के ही
तस्वीर बन उकर जाना
वक़्त मिले तो महसूस कँरना
मेरा यूँ तुम हो जाना

स्त्री

मेरी बात

मुझे नहीं होना झील
बहना है पहाड़ों को चीर
उस खारी नदी की तरह
जिसे न समुन्दर की हो तलाश
जो ग़र न चाहे तो
न जाये समुन्दर के पास
मुझे गुज़रना है बाँस की पत्तियों से
भर संगीत,
उस हवा की मानिंद
जो बहती है और अपनी धुन में रहती है
नहीं रहना मुझे हमेशा चाँदनी सा शीतल
धूप बनकर भी चमकना है मुझे
चाहो न चाहो ये ताप तुम्हें सहना ही होगा
नहीं रहना केवल गृह लक्ष्मी बन
गृह शक्ति हूँ तो अब
शक्ति को शक्ति तुम्हें कहना ही होगा
नहीं होगा मुझसे
मधुमालती की तरह मैं लटक-लटक जाऊँ
घास की तरह दब-दब तुम्हारे पैर सहलाऊँ
बौराई ही सही
आम्र बौर-सी
जब मन आये झरूँ
मन आये तो फल बन जाऊँ

गुलाबी गैंग की स्त्रियाँ

स्त्रियों को भी अब बनाने पड़ रहे गैंग
क्योंकि
ज़रूरी है औचक धावा बोलना
मशालें ले हाथ में
डराने को, बहुत दूर खदेड़ आने को
हिंसक जो हो गये संस्कारी पशु
उन्हें अपनी औकात याद दिलाने को
पर फिर भी वो नहीं धारण करती
रक्ताभ वस्त्र
क्योंकि
मात्र डर
से नहीं जीतना चाहती
रिश्तों के समर

उन्हें मालूम है
साहस के लाल रंग के साथ जब मिलता है रंग सफ़ेद शान्ति का
तो गुलाबी हो खिलता है

मात्र डराने को वो पशुता
समझती हैं
वे रखती हैं सहन शक्ति
क्योंकि वे जानती हैं

कि
सहन करने में भी लगती है
शक्ति
वे
रखना जानती हैं
पशु व मानव के मध्य
का अन्तर
पर
जब बात नहीं बनती दिखती
तब बनाने होते हैं गैंग
दिखाना पड़ता है साहस
होना भी पड़ता है
हिंसक
अपनों के ही साथ

स्त्री-आत्मा

ये जो टिटहरी रात में
टुहकती है ना
कहीं किसी स्त्री के भटकते
सपनों की आवाज़ तो नहीं
उस स्त्री के
जो दिन के उजाले
में देख न पायी घूँघट के बाहर की दुनिया
उसने केवल गन्ध व आवाज़ से पहचाना
दुनिया को
जो चाह कर भी लेट न पायी सागर किनारे
चाँदनी रात में चाँद को निहारते
सुनते लहरों का संगीत
रात की रूमानियत जिसके हिस्से
न आयी
जिसने अपनी देह में ही दबा ली
अपनी डकार व अपान वायु की मार
कि ग़र
वो बाहर आये तो भूचाल आ जाये
जिसने अपनी ही देह को जलते, खरोंचते
महसूसा अनेको बार
पर कभी अड़ कर यह कह न पायी
कि बाबुल मोरा

नेहर छोड़ो क्यूँ जाये?
जो न कभी पिता के घर की पूरी हुई
न पति के घर तख्ती लगी उसके नाम की
और
गयी जब दुनिया से
तो कफ़न भी
पिता
के घर से ही लाया गया
ढकने को तन
जिसने जिया हो ऐसा जीवन
शायद
उसके सपने रात होने पर दबे पाँव
बाहर निकलते हैं, भरते हैं उड़ान
रोते हैं या चिल्लाते हैं
पर फिर
सुबह होने तक
घर की चौखट
में
आ दुबक
जाते हैं

स्त्री

तुम जो देते हो उपमान
कि
स्त्री देवी है
स्त्री नदी है
चिड़िया है,
तितली है
है बासन्ती बयार

और स्त्री मान लेती है
इन्हें सच
पर कभी यह तो बताओ
कि
किस देवी ने माँगी
अनुमति रणचंडी बनने
से पहले?
क्या कोई नदी
पूछती है रास्ता
कि कौनसा रास्ता
सुरक्षित है
सागर तक पहुँचने
के लिए?
कभी तितली और चिड़िया

को सोचते देखा है?
कि
ग़र मैं उड़ी अन्जान रास्तों पर
तो क्या
भटक जाऊँगी?
कौन दिखायेगा
फिर मुझे रास्ता?
कौन होगा मेरे साथ?
या
अल्हड़ बहती हवा
ठिठक जाती है
सामने देख कर
होती रात
कि
रात में बहना
तो मेरे बस की नहीं बात

फिर हर दफे
कोई स्त्री ही
क्यों सोचे?
कि
ये कौनसा है रास्ता?
कौनसा समय?
कौनसी है वो जगह?
जहाँ जाना होगा
सही या ग़लत?
और
वो
देवी जिसे तुम पूजते हो
मानते हो शक्ति

या
वो लहराती
तितली
या
बेख़ौफ़
उड़ती नन्हीं
सी चिड़िया
या
वो हवा जो सरसराती
निकलती है तुम्हारे ही पास से
या
वो नदी जो अकेले निर्जन बीहड़ों, पहाड़ों
जंगलों, मैदानों में भागती जाती है
अपनी धुन में
उसे देख क्यों नहीं उठता तुम्हारे मन में यह सवाल?
कि
हर क़दम पर स्त्री ही क्यों सोचे
उसके लिए दिन सही है या रात?
वो कहाँ जाये? कहाँ रुके? कितना उठे? कितना झुके?
क्या यही सोचती रहे
वो
हर बार... ?
क्यों ले अनुमति?
क्या यही है उसकी जीवन गति?

आत्महत्या

आत्महत्या जुर्म है
सरकारी वकील की आवाज़ से वो
फिर एक बार सिहरी
न्यायाधीश ने जानना चाहा
कि
यह अपराध क्यों करना चाहा उसने?
क्यों मलनी चाही परिवार के मुख
पर कालिख
ऐसी भी क्या थी मजबूरी?
क्या घरेलू हिंसा की है वो शिकार?
तो करवाया जाये उसका
मेडिकल, दिखायें जायें
चोट के निशान
पेश किये जायें
अड़ोस-पड़ोस के गवाह
पर वो क्या बताती?
कैसे दिखाती?
छलनी आत्मा को अपनी
कैसे बाँधती शब्दों में उस तकलीफ़ को
जो अपनों के तानों से मन बींध गयी
कैसे निकालती अपने हाथों
उन दुख के काँटों को जो गहरे

तक धँस गये
पड़ोसी क्या देते गवाही
उसके गवाह तो थे उसके साथी
दिन में उसके तन से लिपटा दुपट्टा
और रात को भीग-भीग
जगह-जगह से सख़्त हो आया तकिया
उसने तो उस रात फ़क़त इतना चाहा था कि
घर से निकल किसी पार्क की बेंच पर बैठ
अपनों से पाये ज़ख़्मों को एकान्त में सहलाऊँगी
फिर कहीं और चली जाऊँगी
पर वो भूल गयी
कि पार्क कि बेंचे, सड़कों के फ़ुटपाथ
झील के किनारे
पेड़ों के सहारे
नहीं होते स्त्री के नसीब में
हर जगह स्त्री गन्ध को ढूँढ़ते
भेड़िये हैं घूमते
पर
उसने इन्सान जितनी तो क्या
पशु जितनी आज़ादी
भी क़िस्मत में कहाँ लिखवाई
तभी तो बस एक जगह उसे
महफ़ूज़ लगी
और वो
नदी की लहरों में समाने आयीं
और
उस पर यह तोहमत
कि
हमारे संविधान में आत्महत्या जुर्म है
यह बात तुझ औरत के समझ नहीं आयी

वायरल वीडियो

हर तरफ़ क्यूँ है इतना शोर?
ग़र
वीडियो कोई हो गया है वायरल
क्या हो गया ऐसा जो अब तक नहीं हुआ??
क्या हो गया जो ज़ख़्मी लकड़बग्घों के झुण्ड ने
घेर डाला दो शेरनियों को अपने शिकार की ख़ातिर
लेकिन वे ये जानते थे कि
नहीं हज़म कर पायेंगे
उन शेरनियों का गोश्त
बस इसलिए कुण्ठित लकड़बग्घे
लार टपकाते खिसियाते रहे
पर तुम क्यों इतने शर्मिन्दा हो??
क्यों पीट रहे हो अपनी छाती?
इतना भी क्या ज़रूरी है?
ख़ुद को आदमी कह उस झुण्ड को
लकड़बग्घों का कहना
तुम बस छुपाये हो अपना चेहरा
लगाये हो आदमी होने का मुखौटा
कहते हो कि
स्त्री के चीरहरण से व्याकुल हो
फिर तुम बताओ जंगल के क़ानून में वस्त्रों का क्या काम?
वैसे भी

हर घर, हर गली, हर नुक्कड़ पर
चीरहरण तो हर उस वाक्य, उस शब्द से
होता है
जिसे उच्चारती है वो पुरुष आत्मा
जो देती है माँ, बहन की गालियाँ
हर गाली चीरहरण से कम है क्या???
पर यह घायल, कुण्ठित लकड़बग्घों
की दुनिया है
जो रोज़ ही निर्वस्त्र करते हैं
अपनी ही माँ, बहनों को
और
तुम हो कि उन शेरनियों के कपड़ों के
उतर जाने से
शर्मिन्दा हो जाते हो
शोर मचाते हो

(मणिपुर दंगों में हुए वायरल वीडियो पर)

कविता के मायने

हम लिखेंगे कविता

हम लिखेंगे कविता
हम गायेंगे कविता
हम ओढ़ेंगे कभी
कभी बिछायेंगे कविता
दिमाग़ में भी रखेंगे,
मुँह पर भी लायेंगे
पर
दिल को रखेंगे बचाकर
बड़ा ख़तरनाक है
दिल का कवितामय
हो जाना

जलवायु परिवर्तन

जलवायु परिवर्तन
पर बहस करते
ये दुनिया के ठेकेदार
कभी ये क्यों नहीं समझ पाते
कि
जिन्हें जीवन में अपने हिस्से का
न जल मिला, न मिली स्वच्छ वायु
उन्हें ये बातें क्यों समझ आयें
कि
भविष्य में ग़र बढ़ा कार्बन उत्सर्जन
तो
कैसे पिघलेंगे हिमनद
और
कैसे ले आयेंगे वो जल प्रलय
उसने तो देखा है अक्सर हिमनद-सी
ठण्डी जमी आँखों का
भूख की आँच से पिघलना
और
सुनी है रोज़-रोज़ अपने घर में आती
प्रलय की आहट

फिर आये हो वसन्त...

जो फिर आये हो इस बार वसन्त
तो स्वागत है, आस है, उम्मीदें हैं तुमसे ही
अब ग़र जो आये हो तो कुछ देकर ही जाना

मन की मुँडेर पर कुछ सपनों के सुप्त बीज पड़े हैं
हरिया तो देना इस बार
उगा देना उनमें जीवन

पीत पड़े पत्तों से बिखर गये
जो सुख के पल मन के आँगन में
सरसरा देना अपनी वासन्ती बयार से

जीवन की शीत से मुरझा गये जो चेहरे
ठहरना कुछ पल उन पर भी

ज़र्द फूल जो भटक रहे रोटी की तलाश में
सड़क-सड़क
उनको भी यह देना अहसास
कि
मौसम भी बदलते हैं
बारह महीने नहीं होता भूख का मौसम

जो आये हो फिर इस बार वसन्त
तो ठहरना कुछ देर
प्रतीक्षारत समय
को देना कुछ पल

ग़रीब बच्चे की शाम

मैं
साँझ ढले सोचता हूँ अक्सर
क्या होता ग़र?
इन जगमगाती दुकानों से एक क़तरा
मैं भी अपने घर ले जाता
भर लेता अपने अँधियारे
आँगन में उजियाला
या
ये जो बड़े-बड़े पर्दे पर
नये-नये व्यंजनों के अक्स
उभरते हैं,
मेरे मन को बहकाते हैं
पर मैं तो
आँखों से ही जैसे भर लेता हूँ मन
और
अपना यह छोटा-सा पेट
फिर
बिना छप्पर के घर में
माँ के आँचल से लिपटा
अक्सर सोचता हूँ
की ये जो गन्ध मुझे भाती है
वो तो माँ के आँचल से ही आती है

सोचता हूँ कि
ये लोग जो
इन दुकानों पर
मक्खियों की तरह
मँडराते हैं।
क्या इनको अपने घर
नहीं भाते हैं?

सत्ता और तार्किकता

जब तार्किकता नहीं चाहती सत्ता
तो फैलाती है धार्मिक उन्माद
दागती है पहले निहत्थों पर गोलियाँ
और
फिर धारा 144 से होते हुए
कर्फ्यू के आदेश
निरीह जनता बस देखती है सत्ता का
अनुशासन प्रिय होना
ऐसा नहीं कि जनता को नहीं पता
उसके अधिकार
पर
उस समय जब होता है बोलना ज़रूरी
वो क़ानून के कोड़े से लाल हुई अपनी
पीठ को सहलाने
में लग़ जाती है
और फिर देना नहीं पड़ता
सत्ता को अपने सही होने का प्रमाण
देकर जनता की चिन्ता का वास्ता
लागू करती है कानून
में संशोधन
जिसमें हो महज़ उसका ही फ़ायदा
मूर्ख जनता

धुनती है सिर
पर
फिर भी
बजाती है तालियाँ
क्योंकि सत्ता को नहीं दे
पाती वो गालियाँ
लेकिन
सत्ता कुचलना जानती है
हर आन्दोलन
हर आवाज़
जो उसकी
मुखालफ़त करे

नया साल

इस साल चाँद न चमके किसी भी आँख में रोटी की तरह
चाँद बस चाँद ही रहे और रोटी ही भरे पेट

तो कोई बात बने

आश्वासनों की छत पर पड़े, न गिने अब कोई तारे
खपरैल की छत तो मिले अब हर घर को

तो कोई बात बने

न मन केसरिया हो, न हो केवल मन हरा किसी का
दोनों रंगों को यूँ जोड़े रखे रंग सफ़ेद शान्ति का

तो कोई बात बने

लकड़बग्घे न फिरें अब सड़कों पर गोश्त की तलाश में
सड़कें तो क्या घर भी महफ़ूज़ रहें सबके

तो कोई बात बने

किसी की जेब हो भारी, किसी के हाथ हों ख़ाली
न हो अब ये बुरा हाल, न मन में हो मलाल

तो कोई बात बने

जिन्हें हो देश की चिन्ता करें वो देश की सेवा
कुर्सियों का अब तो मोह छोड़ें देश के दलाल

तो कोई बात बने

इस साल कुछ ऐसा हो कमाल
कि लगे वाक़ई आया है नया साल

तो कोई बात बने

काश ऐसा हो जीवन

हर शाम सिसकती रहती है
हर रात झुलसती रहती है
चूल्हा तो बुझा रहता घर में
पर भूख सुलगती रहती है

कहीं धर्म अधर्म कराता है
कहीं मज़हब आग लगाता है
ये धर्म ओ मज़हब तो बच जाते
पर इंसां बच ना पाता है

कहीं होली सूनी रहती है
कहीं दीवाली पर फाके हैं
कहीं रोज़ दिवाली है घर में
कोई दो रोटी को तरसे है

क्यों न सबका जीवन ऐसा हो
जिसमें सच में ज़िन्दा हो जीवन
अब ना झूठमूठ की हों ख़ुशियाँ
काश ऐसी दुनिया बन जाये

सुनो!

सुनो!
ग़र वक़्त है तो सुनो!
फैक्ट्री से उठते धुएँ के साथ
पसीने की गन्ध को
फेंकती चिमनी को सुनो
सुनो! तुम्हारी कारों के शीशे पर
थपथपाती हथेलियों की
चिपचिपाहट को सुनो
झोंपड़पट्टियों के पास भिनभिनाती
मक्खियों को सुनो
सुनो! तुम्हारे मन पर उग आये
बासीपन को
और उदासी की गूँज को सुनो
अपने बँगले के बिस्तर की सलवटों में.
बिखरे आलस को सुनो
सुनो! मन में भरे कोलाहल को
शान्त होती देह को
सुनो...

मर्द

अधिकांशतः मर्द बहुत सरल होते हैं
मर्द नहीं करते औरतों में
भेद
जैसे औरतें करती हैं कि
वे पतली हैं, मोटी हैं,
काली हैं, गोरी हैं
समझदार हैं या ज़रा अक़्ल की कच्ची हैं
पर
मर्द अक़्सर ऐसा नहीं सोचते
उन्हें
स्त्री में केवल स्त्री ही नज़र आती है

भूख में कविता

उसे मिली भूख तो
उसने भूख पर कविता लिखी
रोटी बस ख़्वाब
में पायी तो
रोटी पर रुबाई लिखी
पर
जिनका
इश्क़ न हो पाया मुकम्मल उन्होंने विरह रात पर ग़ज़ल लिखी

ये प्यार, ये क़िस्से, ये जुदाई की रातें
ये ही तो मजमूं हैं
कविता के तुम्हारे

भरे पेट निकली डकारों से सारे
क्योंकि
भूख से जलते पेट
के साथ जब
कोई पका भी नहीं पाता
ख़याल के पुलाव भी
आँसुओं से भीगी आँखों से
अक्सर गीली हो जाती हैं मन के चूल्हे की
लकड़ियाँ तक

स्मृतियों का धुआँ
बस
आँखें झुलसाता है
फिर
ऐसे
धुएँ में और बुझती सी आँच
पर
कोई कैसे पकाये प्रेम पगी कविता

राम या रावण

सबके भीतर अपने रावण
सबके भीतर अपने राम
आओ कुछ ऐसा कर जायें
बच जाये बस जग में राम

होना रवीश कुमार का

रात को बारह बजे
दिन भर के काम निपटा कर जब लेटता हूँ
याद आता है
कि
फलाँ बात कहते हुए तल्ख़ हो आयी मेरी आवाज़
फिर भी कितना कुछ कह न पायी
झुँझला उठता हूँ
कुछ गर्म, गीला महसूस होता है
अपने ही हाथों में
मेरे ही नाख़ून गढ़ गये हैं मेरी हथेलियों में
इबारत लिखना चाहता है वक़्त अब
क़लम की स्याही कह नहीं पाती
क़लमकार की हर बात पूरी तरह
तब लहू में भीगा सरकण्डा
ही उठाना पड़ता है
रात के सन्नाटे में अपने ही घर की
खिड़की पर पाम के पेड़ की छाया कितनी
आशंकाओं को जन्म देती है
क्योंकि मेरे पास नहीं है X / Y / Z श्रेणी की कोई सुरक्षा
मैं भी अपने बच्चों को निश्चिन्त सोते देख
कुछ निश्चिन्त होता हूँ
पर एक फ़ौलादी दिल सीने में ज़ोर-ज़ोर से

धड़कता रहता है
करना जानता है वो सच की बात, किसी के हक़ की बात
जिसे तुम भी समझते तो हो
पर
तुम्हारे हाथ तो ताली बजाकर ही थक जाते हैं
लटक जाते हैं
नहीं उठा पाते वो मशालें
क्योंकि मशाल
उठा कर चलने में दम लगता है
कन्धे भी थक जाते हैं
आँच की तपन भी झेलनी होती है
क्या सत्ता इतनी नपुंसक हो गयीं?
या
हो गयी है इतनी कायर?
कि
नहीं चाहती वो कोई सच को सच कहे
या
हो गयी है इतनी मदान्ध?
कि
उसके आसपास चलता हुआ कुत्तों
का हुजूम
बस जीभ लपलपाता है
भौंक भी नहीं पाता है
और
सत्ता
कुचलती चलती है राह में आने वाले राहगीरों को
क्या सत्ता का हाथी इतना डरा होता है?
कि
उसको
डराती है एक राहगीर की पदचाप भी

मैं उस हाथी के माथे पर अंकुश
की तरह घोंप देना चाहता हूँ अपनी क़लम
और
चाहता हूँ कि
निर्दोष जो यूँ ही कुचले जाते हैं
उनको बचा लिया जाये

कविता और सत्ता

या तो क़लम उठा कर रख दें
या स्याही तपा-तपा कर लिख दें
कविता जन्मी है काग़ज़ पर
उसे हथियार थमाने होंगे
बहरी अन्धी सत्ता तक
शब्द कँटीले जाने होंगे
इतना हल्के होते हैं क्या शब्द
जो ऐसे हवा में उड़-उड़ जायें
आओ घिसें कुछ यूँ शब्दों को
कि तीर सरीखे धँस-धँस जायें
वरना केवल होते काग़ज़ काले
भार प्रकृति भी है ढोती
जनता पढ़-पढ़ पीटे माथा
बस ताली बजे पुरस्कार पायें
ऐसी कविता रखो किनारे
अब
कुछ ऐसी कविता
छितराये
जिसको पढ़
कर सम्बल जागे
या फिर
हक़ मज़लूमों को मिल जायें

मानव या पशु

भूख से कुलबुलाते पेट के कारण
ग़र
उड़ गयी है तुम्हारी नींद
तो आओ
अब तो उठ बैठो
एक हाँका लगाओ
और
उड़ा दो उनकी भी नींद
जो सत्ता के मद में चूर
औंधे पड़े हैं, हो कर मदमस्त
सुबह उठ कर चल देंगे
करने को तकरीर
जैसे कोई पशु
चरते हुए घाँस
करने लगे लीद
हालाँकि
उन्हें कोई फ़र्क़ नहीं पड़ेगा तुम्हारे
गला फाड़ चिल्लाने से
वे नहीं छोड़ेंगे खाना घास
और
फिर करना लीद
जब तक तुम

हिला न डालो उनके जबड़े
जिससे वो भूल जाये खाना घास
और
छोड़ना दूसरों के लिए
फ़क़त लीद

कुत्ते

आज कुत्तों के भी अलग शग़ल हैं
जिन्हें होना था बस वफ़ादार
पूँछ हिलाते हरदम तैयार
वो आजकल कुछ ज़्यादा ही
हो गये हैं समझदार
अब वे तुम्हें देख
झुक-झुक नहीं आते पूँछ भी
सोच समझ के ही हैं हिलाते
कभी-कभी तो बेवजह
यूँ ही गुरियाते
कार के पीछे भागे तो सह लें हम भी
पर
आजकल तो कार के ऊपर ही चढ़ जाते
शायद ये भूल गये हैं अपनी औक़ात
सुनो
कुते हो तुम तो कुत्ते ही रहो
जैसी और जितनी रोटी मिले
उतनी खाओ
बस आदमी को देख पूँछ ज़रूर हिलाओ
वैसे भी
तुम कोई आभिजात्य कुत्ते नहीं
कि

कारों में घूमो
दूध-मलाई खाओ
तुम
निम्नवर्गीय सड़कछाप हो
यह समझ जाओ
तुम सड़क के लिए ही पैदा हुए
यहीं मर जाओ

हे मनुपुत्र !

ये नाते, ये रिश्ते, ये प्रेम, ये प्यार
ये बातें, मुलाक़ातें
कितनी सतही
कितनी खोखली
मनु पुत्र
कैसे लगा तुम्हें
कि तुम
इस सृष्टि की सर्वाधिक
भावुक और निश्छल कृति हो
सच से आँख मिलाओ
तो
तुम वह कृति हो
जो केवल स्वार्थ साधती है अपना
तुम अपने दिमाग़ और दिल को
काम लेते हो केवल अपने भले के लिए
कभी तुमने धरती की तरह निःस्वार्थ
प्यार लुटाया उन पर भी
जिन्होंने किया हो फ़क़त तुम्हारा दोहन
या
कभी दर्द से भारी हो आये किसी मन को बरस जाने दिया ख़ुद पर यूँही
जैसे बरसते हैं बादल ख़ाली हो जाने को
बिन पूछे ही

या
किसी पशु, पक्षी की तरह
किसी भी अजनबी के साथ हो पाये ख़ुश
जैसे नाचते हैं मयूर बादलों को देखकर
या
उन नन्ही चिड़ियों की तरह
जो खेलती हैं आँखमिचौली, चहकती हैं
किसी अनजानी दोस्त के साथ
या
कभी प्यार से ताकते रहे हो चाँद को बन कर चकोर
नहीं
तुम तो हर रिश्ते में
ढूँढ़ते हो नफ़ा-नुक़सान
साधते हो सन्तुलन
नापते हो औक़ात
ले ही आते हो स्वार्थ
हे मनुपुत्र!

इतने धूर्त
इतने मक्कार
और
उस पर तमगा ये
कि
तुम
बाँटते हो प्यार

बेक़सूर बच्चे

गाजा में मारे गये
या
दर्द से कराह रहे
बच्चों का सही-सही
आँकड़ा नहीं है मेरे पास
पर
उन उन्हीं के सरकारी आँकड़ों के अनुसार जो चौदह हज़ार बच्चों के जूते
सड़क पर रखे देख
मैं
पसीने से तर हो जाती हूँ
गला सूखने लगता है
भींच लेती हूँ
तकिये को दोनों हाथों से
दिल थम जाता है यह सोच
कि
कैसे
छूटे होंगे उनके प्राण
कैसे वो फूल
अपने ज़ख़्मी
बदन से बहते रक्त में सन गये होंगे
उनके नाज़ुक होठ
नीले पड़ गये होंगे

आँखें बस खुली रही होंगी
देखने को अन्याय
कैसे अझेल दर्द से गुज़रे होंगे
वो
कैसे उन नन्ही हथेलियों से छूटा होगा
माँ का आँचल
ज़रूर उन्होंने जाते-जाते ईश्वर को पूरे मन से धिक्कारा होगा
कि
बिना गुनाह की सज़ा जहाँ मिलती है
उस धरती पर हमें भेजा ही क्यूँ?
और
ग़र भेजा भी तो
कम से कम उन कायर
सत्ताधीशों के हाथों तो हमारी मौत का षड्यन्त्र
क्यूँ रचवाया??
जो ख़ुद इतने कायर हैं कि जो दूसरों पर तो गिराते हैं बम
पर
अपनी मौत से इतना डरते हैं
कि
बचने के लिए बना रखते हैं बंकर
और
अपनी कुर्सी को ऊँची और अटल
रखने के लिए वो
बच्चों के गोश्त की ढेरी
पर बैठने में सुकून पाते हैं
शायद जाते-जाते
अपने माँ-बाप के लिए
भी उठी होगी
नाराज़गी की एक लहर
कि

हमें ऐसे वतन में क्यों जन्म दिया
जहाँ
ऐसे नर पिशाचों ने लगा रखे हैं
लोकतान्त्रिक राजा के मुखौटे
उन्हें वो क्यों नहीं पहचान पाते हैं
या
फिर वो कौनसी मजबूरी है?
क्यों नहीं उखाड़ फेंक पाती किसी देश की जनता ऐसे हत्यारे,
ज़ालिम सत्ताधीशों को
कुर्सियों से?
ताकि
कम से कम मासूम, निर्दोष बच्चों
के शरीर और आत्मा
छलनी
होने से
बच पायें

अब
उन बच्चों की आत्माओं तक में भर गये होंगे वो बारूदी छर्रे
झुलसी आत्मा ले
उन्होंने ली होगी धरती से विदा
अब
वे बस अब इतना भर करेंगे
कि
कभी न लौटेंगे इस नर्क से बदतर धरती पर
न बच्चे बन, न फूल बन, न दिखेंगे कभी टिमटिमाते तारे बन
वो अब फ़सलों से निकलेंगे चाक़ू, पिस्टल, बम बन
और
छा जायेंगे इस धरती पर
लेंगे अपने दर्द का प्रतिकार

और
फिर उस प्रलय के बाद
धरती वापिस बनेगी
हज़ार करोड़ वर्षों में शायद

शब्द

शब्द
मिलते हैं
मोटे-मोटे शब्दकोशों में
ठूँसे हुए,
एक के बाद एक
जैसे एक दूजे पर चढ़े हुए
बड़े जतन से ढूँढ़ने पड़ते हैं उनके अर्थ
करके उनको अलग-अलग
वरना कर देते हैं वो अर्थ का अनर्थ
शब्द
जब कभी लय में थिरकते हैं
ग़ज़ल, रूबाई या कविता का रूप धरते हैं
जब बहुत लम्बे हो जाना चाहते हैं
कथा बन जाते हैं
सिमटने पर ही नहीं आते
पर कभी नहीं आते पास
उन संवादों में
जहाँ उन्हें होना चाहिए
जब हक़ के लिए कसती हैं मुट्ठियाँ
बस कण्ठ में ही घुट जाते हैं
कभी होंठों तक नहीं आ पाते
चुपके से सरक जाते हैं

या
नहीं मिल पाते उन उदास आँखों को
जिनमें ठहरी होती हैं जन्मों की प्रतीक्षा
न
किसी भूखे पेट पर टँगे चेहरे की
बन पाते हैं आवाज़
और
न कभी ज़रूरत बनते हैं किसी
मासूम हँसी के होंठों पर तिर जाने की
और
तब लगता है कि
कितने ग़ैरज़रूरी हैं शब्द
किसी बात को सम्प्रेषित करने के लिए

फ़ुटपाथ पर बच्चा

चाँद रोटी की तरह चमकता है उसकी आँखों में
हवा थपकियाँ दे कर सुलाती है माँ की मानिंद
मुस्कुराता है फटे कपड़ों में नन्हा बच्चा
आज तो सपने में भरपेट खाया होगा उसने

फ़्लाई-ओवर

यह फ़्लाई-ओवर का समय है
मेरे देश का विकास काल है
विकास को अब तय करती
केवल रफ़्तार है
क्योंकि
जो चलते हैं गाड़ियों में
उनके पास पैसा तो है ज़्यादा
पर
समय बहुत कम है
इसलिए
सबके संग चलना उनका तो
मुहाल है
यातायात के झंझट में पड़ने की क्या मजबूरी है
उनको ही तो करना विकास है
इसलिए
उनकी ही तेज रफ़्तार ज़रूरी है
उनकी तेज रफ़्तार न हो बाधित
इसलिए
बेतरतीब, जाहिलों की तरह, जानवरों
के साथ चलने के आदी
पद यात्रियों, साइकिल सवारों को बैल
गाड़ी और रिक्शे वालों को

जीवन का बोझ ढोते मन्द गति वालों को
द्रुतगति से उड़ते लोगों में उकताहट
भरने वालों को
दे दिया गया है
फ़्लाई-ओवरों के
नीचे का रास्ता
ताकि
जिनका वक़्त बलवान है
जेब में सामान है
वे सरसराते बिना गतिरोध
निकल जायें
फ़्लाई-ओवरों से
वरना
वे ग़र बराबर आये
तो पता नहीं ये मन्द गति से चलने वाले
कितने उनके नीचे आ कुचले जायें

कविता के मायने

कविताएँ लिखी जाती रही थीं कल भी,
आज भी
और
लिखी जाती रहेंगी कल भी
पर
क्या काम आये तुम्हारे शब्द?
क्या करवा पाये वो सिंहासन ख़ाली
जिन्हें मासूम निरीह जनता को बरगला
कर छीन तो लिया गया उससे उसका वोट
पर
वो न दे पाये उसे भर पेट अन्न
न हाथ भर काम
जिन काग़ज़ों पर तुम छपे
न उनसे जला कोई चूल्हा
न भड़की किसी के मन में
अपने हक़ को पाने की आग
न उन भिंची बन्द मुट्ठियों
में थमा पाये कोई मशाल
न जुबान पर ला पाये उन नारों को
जो किसी कण्ठ में घुटे-घुटे
बस गालियों में तब्दील होकर रह गये
शब्दों की उठापटक

भाषा के विन्यास
वर्तनी की शुद्धता
कभी कथ्य व कभी शिल्प
पर बलिहारी जाते तुम
ये कभी सोच भी न पाये
कि जिस पेट में रोटी न हो
या हाथ में न हो कोई काम
तो
वो क्यों सुने और समझे तुम्हारी कविता
और
क्या पाये उससे मन का आराम
आओ शब्दों को घिस-घिस कर
उनसे कुछ हथियार बनायें
और
उन हथियारों की ताक़त से
छीने हक़ वापिस दिलवाएँ
वरना
केवल यूँही लिखते रहना
शब्दों को ज़ाया करना है
शब्दों की ताक़त को समझें
शब्द हमारे व्यर्थ न जायें